Bilingual Anthology Of Poetry

Secretos De Mi Alma,
(Secrets To My Soul)

By
Jacqueline Fitzgerald Ruiz

Copyright © Jacqueline Fitzgerald Ruiz

All rights reserved. No part of this book may be reproduced or transmitted in any form or by any means without written permission from the author.

Photography by: Jacqueline Fitzgerald Ruiz

Acknowledgements

I would be remiss if I didn't mention my partner and husband for 49 years Juan J.Ruiz. He has been a constant and unwavering source of support .He has always been a refuge for me and has provided me with unconditional love. The best decision I have ever made was marrying you.

I love you honey.

Preface

First, I would like to express my most sincere Gratitude to my amazing parents, George and Carmen Fitzgerald, who, while raising my two siblings and I insisted in keeping alive my Spanish heritage. I became submerged in the Spanish culture via my mother's Puerto Rican ancestry, this included the music, food, and keeping a close bond with the elders of the family.

Most especially my maternal grandfather, Severo Perez, whom I adored. I was exposed to English from my father, George Fitzgerald.

As I grew into my early teen years, I felt compelled to write my thoughts down. Realizing some of my thoughts were very mature for my young, innocent mind. So, I kept them hidden for years. As I began to be exposed to Love and relationships, I found, at times, I could convey my thoughts more fluently in Spanish.

This book is the result of those thoughts with a mix of English and Spanish poetry. I am also an avid photographer, so I have sprinkled the book with some of my photography.

This project of printing my poetry has a sense of urgency; for several years, I have been dealing with two terminal diseases. The proverbial " bucket list " scenario.

I am grateful and Blessed to have reached this dream.

Thank you, and enjoy,

Jacqueline Fitzgerald Ruiz

Contents

Acknowledgements i
Preface ii
Triumphant Passion 1
Where Do Butterflies Go to Die 3
Sacred Pledge 4
The Winds Of Fate 5
Sacred Knowledge 6
Moonbeams Dance 7
Loving Morsels 11
Untitled 12
Tu Cielo 13
Rosa Blanca del Amor 14
Tears Of Souls 15
Divine Visitation 16
The Day You Found Me 17
EL Cielo Llora 18
The Garden Within 19
Lagrimas y Sonrisas 20
Sera Pecado 22
Dolor de Amar 23
Como Te Quiero 24
Te Regalo Mi Sor 25
Hambre de Ti 26
Del Tiempo 27
Amor Pasado 28
Prisionera De Tu Voz 29
Tu Caricia 30
Muestritas de Amor 31

Jacqueline Fitzgerald Ruiz iii

Triumphant Passion

Thine eyes of fire undress my soul

Thy hands can sense the skin so fair

That waits for you to take me there

There to heaven within your arms

As earth looks up, with envy smiles

You are the one my womanhood needs

You are the lover time took from me

Make me yours again as it once was

Bore from the passion

Two lives that loved fused into one

You place your hands upon my skin

I feel, I crumble from within

The passion intense, it hurts

As tenderness attempts to lurk Its

futile fight is lost to lust

As passion triumphs, I feel it thrust

Its sweet defeat upon me falls

As beads of love my lips recall

As I succumb, resist no more

When passion's mark triumphantly claims

That once again, lust has won

The carnal game

Jacqueline Fitzgerald Ruiz 1

Does the Moon weep upon the stars

Then ride a comet to the sun

And whispers softly in its ear

Because of Love, I've touched a tear

On glowing nights when I am star

Diamonds dance upon my hands

Tears alas, that sparkle bright

It's not enough to share the sky

The stars, the tears that fill my night

If you're not mine

If you're not mine

Jacqueline Fitzgerald Ruiz

Where Do Butterflies Go to Die

To think they eclipse the stunning beauty of a flower there visit brief,

intent with purpose, so often over looked by you and I.

Do you know where butterflies go to die?

From a breath of change to a breath of beauty

To woo nature and bring splendor, placing in our view a

minute dance of love and life, with urgency and purpose, the

dance will not be long, somehow it knows

Do you know where butterflies go to die?

Should you stumble upon its stance, cherish its existence for

it exist to gift you with an awe of life and light for your soul

Do you know where butterflies go to die?

Do not ignore it or take it for granted

For its miracle is that it exists, to exist is to live, love and die

Remember, the butterfly you ignore could be you or I

Do you know where butterflies to go die?

Sacred Pledge

When all is said and done

Yesterday remembers no one

Timeless sorrow becomes your shadow

Desperate tears can find no home

For your illusions dance alone

When all is said and done

Whom did you serve, prodigal son?

Who did you please? What was the cost?

You realize now all that is lost?

Place on life's balance the yearning to please

With fleeting dreams that will never be

And when all is said and done

Remember you owe your soul the sacred pledge

Please no one but you alone

Prodigal son, when all is said and done

The Winds Of Fate

Glorious winds that swept my soul

Laid me gently at your throne

Your throne of love, devotion reigns

And now I am Queen, my crown

Bestowed by you..

O'Glorious winds of fate

Jacqueline Fitzgerald Ruiz

Sacred Knowledge

And now all mysteries
in life are clear
why sparrows fly and children fear
why oceans move
by lunar moods
and clouds above
dance to a tune
why crickets sing
in early night
and distant stars
gleam forever bright
why a tree is sacred
as you or I
and a child's smile
is innocent's plight
for I can see through love's clear sight
what once was dark
and in my night
it is you, my love
my pure delight
why sparrows fly
in dancing clouds
and nest on trees of sacred grounds
our souls are one
alas we're found
now lay yourself upon this mound
this mound of love that holds
my heart eternal bound
so, tell me sweet love of mine
do you know why sparrows fly?

Moonbeams Dance

Midnight smiles and all the while

Conceives her dream to keep you near

Beyond time, in absence of fear

Only she can hold close your heart

As moonbeams dance with heavens stars

Smiles aglow surrenders to wait from

Afar.

***

Fue un 7 de marzo

hacen ya más de treinta años

en mi pequeña islita,

La Perla del Caribe

en que perdí mi faro,

el que me guiaba en la vida,

el que con su amor incondicional,

siempre bondadoso,

me enseñó desde muy joven edad

con su indiscutible ejemplo

lo que es ser un buen ser humano.

Él era un roble de hombre,

alto, guapo,

siempre caminaba muy derechito,

sabía que lo miraban,

era imposible no hacerlo.

Me acuerdo con nostalgia,

estar sentada en su falda

mientras se mecía en su sillón favorito

en ese balcón de Bartolomé Las Casas,

quería que me mirara la gente al pasar,

quería que dijeran,

"mira que orgullosa está ella sentada allí en su falda,"

yo le cogía su codo arrugado,

con piel flácida, ablandada,

ahora sé por los golpes de la vida,

y entre mis dedos pequeños apretaba con todas mis fuerzas...

"Dime abuelito, ¿te duele esto?"

Él siempre me decía que no,

con una sonrisa en su cara

y una mirada llena de páginas leídas.

Me acuerdo contemplándolo cuando se arreglaba en el

espejo,

¡Dios, qué hombre! ¡Qué guapo es mi abuelo!

Con destreza de un bailarín,

abría su botella azul de Brillantina,

se ponía ese líquido mágico en el cabello

que ya daba su despedida,

y casi sin creerlo,

¡se ponía más guapo todavía!

¡Y qué rico olía!

"Abuelo, vamos a comprar,"

quería soñar un ratito

que él era mi príncipe azul.

Aprendí tantas cosas de ti abuelito,

cómo se quieren a los hijos,

qué es el respeto,

bondad,

compasión al prójimo.

Me acuerdo del alcohólico que no tenía donde vivir,
que antes de verlo ya se le olía,
hasta los perros corrían,
tú siempre le tendías tu mano,
tu mano que secó tantas lágrimas escondidas
por llagas infligidas que te dio la vida.

Pero siempre fuiste el roble
que me daba albergue con tus ramas tendidas,
siempre sabía que contaba con tu sabiduría,
sentía urgencia de beber de ti,
el gran tesoro escondido de tu agua divina.

Cómo me duele hoy, tres décadas después,
ver tu panteón tan desnudo y desolado
por el abuso del tiempo riéndose en mi cara,
te mereces un trono de oro y plata
y collares de perlas con cada pisada,
fuiste realeza en mi vida,
y a un rey se le venera
como intento yo con mis humildes palabras.

Fuiste el faro en mi vida
y ahora siento que alumbras
con tu luz blanca y cristalina
mi camino de espinas,
pétalos y sonrisas.

Loving Morsels

Love's Wing

o' whisper in my ear

sweet longings of yesteryear

sublime eclipse of love pristine your touch on mine

our souls were once entwined

now feel our hearts beyond

beyond reason beyond time where no one can divide

what once was unified

for only we perceive

each other's eyes

the soul we recognize

you and I are wings of love's bird soaring high

Untitled

If I could touch your lips

And close my eyes tracing with my mind

In the lonely night recall

How sweet your taste devine

Kiss you in return with fire

So you may sense

This love's desire

Jacqueline Fitzgerald Ruiz

Tu Cielo

quisiera ser tu cielo

para estar sobre ti

susurarte en la noche

enviarte mis estrellas

como besos fugazes

derramar mi amor por ti

y mi cuerpo que lo gozes

la luna de testigo

mirara asombrada

como pueden dos seres

en la noche despejada

emitir esa luz....

candente y rosada ?

iluminandote la cara

veo lagrimas que seco

con mis nubes enviadas

dejandolas llenar con

el agua de tu alma......

pero no soy tu cielo...

aunque ya lo quisiera!

simplemente soy la mujer

que te.....ama

dile al cielo que te observa..

que te mando un beso...

de esta que te quiere...

aunque yo este...lejos

como quisiera.....ser tu cielo!!

Jacqueline Fitzgerald Ruiz

Rosa Blanca del Amor

Como la rosa blanca...
sencilla en su belleza...
delicada en textura...
no la toques sin ternura,
capta su esencia...
admira su pureza...
no tengas miedo...
no tengas duda...

Que en su sencillez,
en su ternura,
esconde llenas de pasión...
mil pétalos de amor...

Guarda en su interior el
aroma de su flor...
que a la locura llevará
el que sepa conquistar...

Acaríciala...
y te dará el dolor del placer
que pronto olvidarás
y sin reservas te entregarás...

Al ver tus gotas de placer,
rojas de placer...
caer...
sobre su blanca... desnudez.

    Fin

Tears Of Souls

Pitiful Soul who lives on the edge

Never at peace, diligent weaver web of decelt

Ritually sanctified within walls

Where all is forgiven, dialog is long

Adjusted the stare inopportune time

Cleansed of sins and purged of thought

Ripe for consumption found caught in the web

Expertly woven jealousy the yarn

Design of perfection, hypocrisy agent that bind lies ingested

by you Time after time

Futile to struggle you pathetic fool

Elaborately stirred venom du jour one ounce evil one ounce

trust given to you when smiling embraced

You adjusted the blade

These walls stained with tears of souls their sanctified temple

Your sins commode

Pitiful soul who sits on the edge

Alone on the edge

Alone

Jacqueline Fitzgerald Ruiz

Divine Visitation

Alas we meet the mist and I
Hidden from me, I know now why
Taking my hand, mystic butterfly
Seating my soul on the edge of time
Front and center, conservatives need not apply

Euphoric waves of thoughts gone by
Stared me down, then winked an eye
Grasp was slipping, felt the mist seduce
The flesh, seeking more its ultimate
score My mind was next

As candy cane lips and flowers of gold
Lead me softly, the streets adorned
My life was timeless, dreams were born
Depth seduction, I felt released
My skin went numb, my soul has flown

Parade of scholars danced with my verse
In a corner of time, paused and gave
birth Painless contractions, placental
thoughts Protected this journey bearing
my cross
Pearl in the harbor gleaming of red
It's the blood of many, so it's been said
With his wing wiped a tear
The pain too intense, I shall not remain

Alas we met, the mist and I
Hidden from me through the passage of time
So, gratitude filled lips touch yours
The mist and I will wonder no more
For the divine visitation, mystic butterfly

Jacqueline Fitzgerald Ruiz

The Day You Found Me

In the dark for so long

long the numbness of shadows

kept emotions locked in a place

where my heart could heal from

pain, shredding pain of the

day I had to go away.

I pretended to feel again.

I pretended to live

I pretended to love, I wanted to.....

or perhaps not perhaps not

 I would not survive the pain

last view of you clarity denied

by.rivers of tears.flowed from my eyes

State.self administered sedation

forever banning thoughts of you...

Knock...answered the door

There you stood.. there you stood

Catapulted at the speed of light

I came back, back to life

no more shadows, walks in the dark

Felt what love feels likes

It never ever changed

I remembered.....I never..... forgot

Jacqueline Fitzgerald Ruiz 17

EL Cielo Llora

el cielo llora, ya se rorgue
como se huere ? no lo entendere
contigo fui gaviota . felix do volar
for paiseges que juntos... fuimos a explorar
aun no se..no entiendo el porque
has arrancado mis alas,
me desangro no ves ?
destrozada mi alma, como. podre ?
a la orilla del mar, me encontraras
abrazada un sueno gue ya no sera
el cielo llora ya se porque
me dejas la imagen..to que no alcanse
del cielo de tus caricias..ya no conocere
de tu risa sin escuchar..estas mudo lo se
de tus besos robades...gue ya no. perdere
el cielo llora ya se porque
al caer la lluvia sobre mt..come duele no sentir
mi cuerpo desnudo acudir a ti
abrazados en gloria divina naturaleza
ahora sin alsd tendida en la arena moribunda
axotan como cadena las olas del mar que yo amaba
pensando en ti ....solo sonaba
porque me torturas.. mar, que te amo ?
no ibamos a jugar, tu,yo y mi amado ?
et cielo Uona ya se prorgue
no mira ! es et mar que llora
presinete pronto morire
como se hiere to amado? no entendere
aunque el mar deshaga mi cuerpo terrenal
frente al mar...ves una gaviota que quiere volar
robale un besa...para sonar.....

Jacqueline Fitzgerald Ruiz

The Garden Within

The heart heavy to decide, the mind already knows

feelings like a garden grow weeds of confusion

never be afraid that which must be dispelled

beware of thoughts that sabotage

smell the flowers from within

though someday you may cry

your tears remember will not waste

do not dismay

they nourish your garden in that special place

where time erases

all your pain

As your hand passes by my face

I silently pray.... I pray for your touch your embrace

the will to live is confirmed by your love

the thought of death prolongs my heart

thoughts of eternal love. forever in your arms

love me now...we shall never be apart

Jacqueline Fitzgerald Ruiz 19

Lagrimas y Sonrisas.....

Será posible amar tanto, tanto... que puedas por él sacrificar tu amor? El amor más profundo y sincero... es el que estás dispuesto a perder... que aunque tu alma llore, lo harás, lo harás porque piensas en él más que en ti... deseas su felicidad más que la tuya...

Caminaré a la orilla del precipicio... y al llegar lanzaré mi amor desde allí... con lágrimas y sonrisas... amargo y dulce dolor... mi amor rendido... no comprenderás cómo he podido...

Será posible... amar tanto, tanto...? Pregúntame a mí... entre lágrimas y sonrisas... te diré... que sí.

Fin

***

Si hubieran jardines de flores a mis pies

serian las mas hermosas

mis lagrimas caidas. las cuidarian sin saber

ese jardin del placer...que belleza desbordada

mis flores...que cuidaba..sin saber que lo hacia

mi llanto lo sentia

Mis pechos como rosas cultivadas.. mimadas y nutridas

guardan el momento en abrir..sus petalos...para ofrecerte la

ternura de amor que siento...esculpidas por mi a un

dios..bendecidas por tener el placer...de tu querer

De mi alma fluyen olas de pasion, amor y melancolia

caen de mis manos..y nacen como retonos..

si un dia se secara mi alma? que fluiria despues?

mis ojos lloraria....mi alma moriria... por no tener mas mi

poesia

Jacqueline Fitzgerald Ruiz

Sera Pecado

Me confieso ante todos... que he pecado...
porque el amor que siento... me dice así... tiene que
ser pecado, negar al mundo... haría lo indecible, iría al
fin del mundo... por ti

Tiene que ser pecado querer así... la furia... la
pasión... la locura que crece en mí... me ciega... me guía... me
lleva a ti
Tiene que ser pecado el amar como te amo... mi
adicción es tu cuerpo... mi droga, tu sabor...

Me condeno al infierno, me iré feliz... mi
penitencia la serviré... porque te amé... solo a ti.

Fin

Dolor de Amar

Herida abierta del amor... llaga que no
cierra... el amor no lo deja... la quiero abierta
para siempre... profunda y sin fin... infectame de
ti... quiero que me destruyas por dentro... me consumas,
me devores... no quiero tratamiento... no deseo medicina...

Solo quiero tu amor en mi herida... no
quiero sanarme... no deseo cura... amame... aunque
me duela... aunque mi alma llore... amame sin
piedad... sin misericordia...

Herida abierta del amor
déjame así... llaga de locura... mordida por
pasión... herida del amor no te cierres nunca... divina
maldición...
te quiero abierta, profunda y sin fin... herida del amor... llaga
de mi... vida.

                          Fin

Como Te Quiero

Amor que llegas a mí, príncipe azul, hombre divino... el alma que llevas dentro, me embriaga... me levanta a los luceros... y allí... desde el cielo miro... al mundo con ojos humedecidos, lágrimas que fundo... lágrimas que pruebo.

Sentirán la gloria como la siento?
No habrá dicha más hermosa que saber el amor no es otra cosa que encontrar a ese que te toca... alma, corazón y cuerpo entero...

Amor completo... amor deseado... sé lo que es... eres tú, mi ángel querido, que has cruzado mi destino... ahora que nos amamos volveremos juntos como soñado... para amarnos hoy, mañana y siempre.

Tú y yo... somos creyentes que el amor lo puede todo y... con un beso mío... mi alma te entrego... que sientas en ti... como te quiero.

Fin

Te Regalo Mi Sor

Ha pasado el tiempo... ha llegado el momento... en que todo en mí, todo lo que soy está de cosechar... mi vida... mi alma, cuerpo y pasión...

Te regalo mi ser. Tómame en tus manos... ábreme, desata de mí
con fuerza y pasión... impaciencia y locura lo que he guardado
para ti...

Te regalo mi ser... mi cuerpo... como uva fresca, llena, lista para ofrecerte las delicias que te han de embriagar... el sabor de
mi fruta... el olor de mi piel... la dulzura de mi miel... todo lo conocerás... al medir mi cuerpo con tus manos, al saborearme
con tus labios, al respirar mi aroma... mi pasión te cautivará... y tú me estremecerás...

Te regalo mi ser... llegaremos a la cúspide del placer... conoceremos éxtasis abrazados cuerpo a cuerpo, sudor
con sudor, ritmo con ritmo al compás de la pasión... hasta caer
rendidos, débiles en un sueño... en una nube tu alma y la mía, se amen de nuevo y se unan por siempre...
Te regalo mi ser... tómalo, es tuyo... cuídalo... es mi vida

Jacqueline Fitzgerald Ruiz

Hambre de Ti

No me niegues más el placer de probarte... no seas cruel... mi cuerpo y mi alma ya no esperan más... tengo hambre de ti...

Quiero probar tus sabores. Quiero definir mi paladar con tus delicias... no me tientes, ni provoques, no te burles más de mí... no me niegues esta hambre que tengo... no me deja pensar... no me deja vivir...

Dame de tu néctar. Ten piedad... dame un pedacito de ti. Sé lo que guardas, es mortal... sé que ya no seré igual... estaré arrodillado a tus pies como mendigo pidiendo con brazos abiertos un pedazo de pan... así quedaré suplicando por más... tengo hambre de ti... no me tortures más.

Fin

Del Tiempo

Mis lágrimas se funden con tus labios,

labios que no siento,

labios que recuerdo.

Derramame como un río sobre ti, deseo

como camino errante del viajero eterno.

Mi amor es del tiempo, fue, es y será,

roja en el viento que un día añora

caer de nuevo en tu encuentro.

Lágrimas que seco,

lágrimas que seco,

buscando tus labios, así es que me duermo.

Fin.

Amor Pasado

Amor, pasada de nuevo, estás conmigo...

¿cuánto tiempo ha transcurrido?

¿Cuántos siglos esperamos?

Sé que eres tú... conozco tu alma...

Sé que eres tú... veo tus ojos en los míos...

Sé que eres tú... siento tu boca sobre la mía...

Sé que eres tú... recuerda tus manos, como lo hacías...

Sé que eres tú... con tu sabor en mis labios.

Sé que eres tú porque tiembla mi cuerpo.

Tanto esperar lo que sabía...

que el amor no muere...

solo camina... hasta encontrarse de nuevo, contigo,

vida mía, y repetir nuestro amor, como lo hacías.

Prisionera De Tu Voz

Mi delito fue ensanchar tu voz.

Mi condena, no poder localizar la ser.

Tu voz fuerte me levanta en sus brazos,

llevándome a ese lugar,

donde no existe tiempo ni espacio.

Voz dulce me acuestas a tu lado,

delineando mi cara, mi boca.

Voz sensual me acaricias,

regalándome la emoción que estalla en mí,

obsequiándome la belleza fugaz de las estrellas.

Prisionera de la voz,

cual ya no camino los pasillos de mi mente...

ya no veo el valle verde ni el mar azul...

no siento el calor del sal ardiente,

ni de la luna su luz.

Soy prisionera, amiga, consejera y amante,

loca me con tu voz, amándome sin fin...

tu cautiva soy.

Mi pecado va a oír la voz.

Mi castigo, no sentir tu piel.

Prisionera de tu voz seré.

Libertad... no te quiero prisionera.

Feliz... al fin seré.

Tu Caricia

Como la brisa acaricia las ramas del árbol,

esperando con ansiedad,

guardando su tristeza y soledad,

para ese momento,

el momento mágico de sentirte.

Como la flor espera el sol para abrir sus pétalos,

al sentir el calor sobre su ser...

abrir sin pena ni timidez,

abrazando el fuego de su piel...

Como el ciego que no te ve,

andando sin rumbo ni destino...

ciega estoy, hasta sentir tu suspiro sobre mi boca,

tu boca sobre la mía...

unión divina de lluvia y sol,

sin ellas, no existe la flor.

Sin ti no existo yo,

acaríciame, para poder vivir...

para poder sentir...

para poder sanarnos...

Muestritas de Amor

Soñar y Amar

Soñé contigo anoche,

me besabas toda,

sentí tu boca sobre mis caderas,

sentí tus manos abrazadoras.

Al querer responder tu ternura desmedida,

desperté en la noche sola y perdida.

Cerré mis ojos para sentirte,

cerré mis ojos para amarte.

Mas, ¡ay!, no te encontré,

¿dónde te has ido...?

Espero con ansias la noche nueva,

para soñar que me quemas,

quiero olvidar mis penas...

amarnos ya sin plazos,

y morirme de una vez,

para renacer entre tus brazos.

Si mi lágrima pudiese traerte una sonrisa,

lloraría sin cesar mil noches sin parar,

por ver en tus ojos la alegría de amar,

la ternura del niño que guardas en ti.

Moja mi cara, sonrío en paz.

***

Si fuera pensamiento, me haria transformar en gota de
lluvia, cairia sin suplicar en tu cuerpo que es mi pax, rodando
sobre ti... susurrando mi cantar, pues no puedo mas pedir que
tu alma penetrar y tu carne conquistar...al final de mi camino
divino e inigual, tu a mi me probaras...sere esa lagrima que tus
labios. sentiran.

***

Como el ave acaricia el cielo en su vuelo...asi...acariciare tu
cuerpo en mi viaje...explorando tus secretos, descubriendo tus
tesoros. y en este viaje de ensueno...tu a mi me pintaras con tu
boca en la memoria... para siempre me recorderas...

***

Cauteloso es el hombre que habla de amor en sus labios
miedo de lastimar.....ansioso por tocar?
palpita su corazon op paz? suena con amar...encontrar la
comunion de su alma..... porque sera? porque?

descarte es pecar? pensarte, no es amarte?
cauteloso miraras a tu lado...y quien contigo estara?

***

quiero arder en el fuego de tu piel
que te pierdas dentro de mi
quiero probar tus gotas de placer
y quemarme de ti
quiero arder en la caldera de tu pasion
y de la ceniza venacer... para amarte otra vez

***

mis manos tiemblan por ti

mis labios buscan los tuyos

mi cuerpo se imagina el tuyo..cerca

muy cerca mis sentidos agudizan con solo pensar en ti.

sueno...que me haces el amor

cada pulgada de mi piel.se heriza

cada curva aumenta...cada montana crece...

cada rio se desborda...con solo pensar....en ti

***

Si el mundo se acabara en un instante

me iria en pax.. porque toque el cielo

cuando me amastes y contigo fui feliz

momentos de ensueno.. para morirme

y seguir nuestro amor en el cielo

***

quiero curar mi locura

con el sabor de tus besos

quiero beber de tu hermosura

entregandome..a ti entera

***

cuando mas oscuro esta

mas me lleno de tu regazo

quiero perderme del mundo

y recogerme en tus brazos

Jacqueline Fitzgerald Ruiz

***

paloma blanca que me brindas tu amor....

amor de vuelo..amor lleno de pasion, porque no te quedas ? miro al cielo.. para esperar me dovuelvas mi alma que se quedo

prendido en tu pecho. cuando volo, no tardes paloma blanca no

 tardes.... por dios....

***

Caricias en la noche..oscuro el cuarto

oscuro tu pelo....alumbras mi cuerpo

con caricias de fuego...enciendes mi alma

con la amor sincero

Bajan caen me llegan al pecho

me parten por dentro mis. lagrimas las siento

expuesta mi alma..ella llora tambien llora igual

sacrificio.del amor...llevatelo ya

no me dejes ver, no quiero sentir no quiero llorar

sacrificio del amor.rendida estoy ten piedad de mi...

por que ya yo me voy

***

Me llevo tu recuerdo lo guardo dentro de mi de

noche me acompanas...consolacion creada

tu aroma me llena..respiro ansiosa

tus manos me reviven. mi pulso aumenta

tus labios..conocen mi paisaje....

mi cuerpo te recuerda.....mi alma te anora...

Milton Keynes UK
Ingram Content Group UK Ltd.
UKHW050113201124
451301UK00009B/122